OBSERVATIONS

SUR CETTE QUESTION,

Propofée par un Négociant des bords du Rhin :

Eft-il de l'intérêt de la République fran-
çaife de reculer fes limites jufqu'aux
bords du Rhin ?

Le 6 Vendémiaire, l'an 4e. de la République.

. . . .

Mais enchaîner un Peuple qui fe rend,
C'eft le frapper d'une mort profitable :
S'il vit encor fous la main qui l'accable,
Il y fubit un fupplice plus lent.

CONTRAT SOCIAL, *Chap. IV.*
Traduction de * *.

Si c'eft en effet un négociant des bords du Rhin
qui a propofé cette queftion, il faut croire que
c'étoit pour faire appercevoir à la France le piège

A

que les événemens de la guerre & fes fuccès vic-
torieux pouvoient tendre à fa gloire ; & cette intention feule peut fauver ce négociant du foupçon
que la queftion, pofée comme elle l'eft, pouvoit
jetter fur fon patriotifme qu'il doit à fon pays
avant tous les autres.

S'il aime fon pays, comme je dois le fuppofer,
car s'il n'aime pas fon pays, comment la France
pourra-t-elle compter qu'il aimera le fien ? il eut
été plus naturel de pofer la queftion ainfi : Eft-il
de l'intérêt du pays du Rhin de devenir frontière
de la France ?

Quoiqu'il en foit, voici quelques obfervations
générales qui ne peuvent échapper ni à celui qui
fait la queftion, ni à ceux qui y répondent, ni à
ceux qui doivent apprécier ces réponfes..... Elles
ont pour but le bonheur des hommes & la gloire
de la France.

Entendre la vérité, c'eft le vœu du fénat augufte
des repréfentans du peuple français ; la dire, c'eft
le privilège de l'habitant du monde, & le gage de
fa félicité.

(3)

§ Ier.

Il est incontestable qu'il est de l'intérêt de tous les peuples, qu'il est de l'intérêt de la France d'être juste ; & delà, il est de la loyauté de la France d'examiner si tel ou tel procédé est juste, avant d'examiner s'il est de son intérêt de l'adopter, ou non.

Tous les peuples policés, tous les individus sensés, honnêtes, moraux, sont d'accord que cette première question doit absolument précéder l'autre ; car s'il est de notre intérêt de faire ce qui est juste, il n'est pas toujours juste de faire ce qui est de notre intérêt, fut-il démontré évidemment. On ne peut s'écarter delà, sans détruire tout ; d'individu à individu, de nation à nation, adopter l'inversif de ce principe, ce seroit renverser & le bonheur particulier & le bonheur général. C'est ce bonheur, objet de nos vœux, objet de vos soins, qui doit être basé sur la justice ; il ne peut l'être autrement, & la même loi essentielle qui empêche les hommes de se dépouiller les uns les autres, les oblige tous en particulier & en général ; tel est le lien des familles, tel est le lien des nations ; & dans ce sens, tous les hommes sont frères.

A 2

La France a proclamé, a adopté solemnellement ces principes, elles les a proclamés à la face
du monde ; & douter de sa loyauté, seroit lui faire
injure : sa parole doit valoir des traités qu'on ne
peut rompre sans injustice. Elle a voulu faire la
guerre aux rois, & non aux peuples. Elle a renoncé
solemnellement *aux droits que la guerre donne aux
conquérans*. La victoire ne peut la délier de cette
renonciation. Sans cette victoire, la promesse de-
venoit inutile dans le fait ; après la victoire, après
les conquêtes, c'est là le moment de tenir parole.

Sa loyauté trouve une raison de fidélité de plus,
en ce que cette même promesse, annoncée à tous
les peuples, promesse accueillie avec joie & con-
fiance comme un gage d'amitié fraternelle, comme
devant hâter la paix & le bonheur, a paralysé chez
ces mêmes peuples, les moyens de défense qu'ils
auroient pu employer contre les vainqueurs, dont
les succès seroient devenus delà plus difficiles, la
victoire plus périlleuse, plus incertaine. Le refus
des peuples du Rhin de se lever en masse contre
les Républicains, d'après la proclamation de Co-
bourg, est une preuve évidente que ces peuples ne
s'attendoient pas qu'il seroit question de les asservir,
de changer leur constitution, de disposer de leur

exiſtence politique, de les unir avec un autre pays qui n'etoit pas le leur.

Pouvoient-ils s'y attendre après ces proclamations qui portoient l'empreinte de l'équité, de la loyauté, de l'amitié, des ſoins paternels & généreux pour les droits du genre humain & pour la liberté. Et quand la nation déclara que *toujours juſte, toujours magnanime, jalouſe autant de ſon honneur que de ſa liberté, elle ſauroit diſtinguer ſes ennemis, & les motifs de leur agreſſion ; qu'elle auroit ſur-tout égard à la ſituation de ceux que la crainte ou la violence ont contraints de marcher.* Quand il fut décrété que cette déclaration ſeroit imprimée & traduite en toutes les langues ; ces peuples qui vous ont reçu ſi cordialement, qui ſe ſont fiés à vos promeſſes, qui vous ont aidés en frères, qui à force de partager avec vous les denrées les plus néceſſaires, ont fini par en manquer eux-mémes, ces peuples ſe feroient fait un crime de ſoupçonner la poſſibilité qu'un jour on mettroit leur exiſtence, leurs lois, leur gouvernement, choiſi ou à choiſir, en problême.

Vous fîtes la paix avec la Toſcane, la Pruſſe, l'Eſpagne, la Hollande. Ce que vous avez promis à tous, peut-il être regardé comme ne devant être tenu qu'aux grands, aux puiſſans, aux forts? Les foibles ou les moins grands ont-ils moins de droits à votre loyauté ? Ce qui eſt juſtice envers les uns, n'eſt-il pas juſtice envers les autres ? Et quels ſeroient donc enfin ces peuples *que vous vouliez diftinguer pour les motifs de leur agreſſion, & que la crainte ou la violence ont contraints de marcher?*

<h3 style="text-align:center">§ I I.</h3>

IL en eſt de l'exiſtence politique comme de l'exiſtence phyſique. L'homme en quittant la vie, jette encore ſur ce monde un regard plaintif & douloureux ; & les nations renoncent avec peine à leurs lois, à leurs uſages, à leur gouvernement. D'ailleurs, comment les fils adoptifs d'une patrie nouvelle peuvent-ils être ſûrs, comment peuvent-ils eſpérer que, tandis que dans chaque état il y a déjà plus de malheureux que l'on ne peut en rendre au bonheur, la mère la plus douce ne ſonge pas avant tout à ſes propres enfans ? On tient à ſa première mère, on s'en laiſſe arracher difficilement. Oter violemment aux peuples leurs coutumes, c'eſt déjà les rendre malheureux (1).

Tel ſeroit le ſort des peuples des bords du

____

(1) Monteſquieu.

Rhin. D'ailleurs, exister pour eux, c'étoit là leur
indépendance : ils étoient eux ; unis à vous, ils
ne seroient plus eux, vous seriez tout; alors ils
sont effacés. Leur nom même s'oublie dans la suite
des siècles ; on diroit d'eux : ce peuple fut jadis.
Cette destruction seule, sous quelque dénomination
qu'on voulût la cacher, en seroit toujours une.
C'est une suite des conquêtes; vous y avez renoncé,
parce que vous ne vouliez pas de destructions...,
des ruines.

Un ruisseau que le torrent a entraîné à la mer,
n'est plus le ruisseau qui rouloit au milieu de la
verdure d'une prairie tranquille ; son sort est-il
meilleur quand il luttera contre les tempêtes qui
menacent, agitent, infestent & troublent les mers ?
Et quand le calme renaît, quand les flots appaisés
réfléchissent la lumière du jour le plus beau, c'est
l'océan qui offre cet imposant spectacle ; est-il
question du ruisseau ? Il avoit un sort jadis ; il
existoit du moins, & c'est quelque chose que d'être.

Ces peuples moins puissans, moins riches, avec
moins de possessions, avec un sort médiocre, peuvent
n'en pas envier d'autre. Les hommes ont ce droit
sans doute ; ils ont une chaumière, pouvez-vous

les en arracher ? Vous voulez enclaver cette chaumière en un vaste palais. Ce ne sera pas le leur. Ils préféreront leur chaumière. Ils peuvent le vouloir, ce sont là leurs droits, vous les avez proclamés, ainsi que leur bonheur que vous vouliez protéger. S'ils croient le trouver là, vous ne pouvez le détruire. D'ailleurs, il faut des ruisseaux, il faut des chaumières au monde ; il faut encore d'autres gouvernemens que les plus grands, les plus puissans. Ceux qui le sont trop, sont les plus près de leur chûte. Saint-Luques est debout & le Capitole est à bas.

§ I I I.

Vous saviez, lors de vos proclamations, que le territoire de la France étoit déjà plus étendu qu'il n'avoit besoin de l'être pour former la république la plus puissante ; vous saviez qu'un corps trop grand pour sa constitution s'affaisse & périt écrasé de son propre poids (1) ; que les mêmes lois ne peuvent convenir à tant de provinces diverses qui ont des mœurs differentes (2); que l'on doit plus compter sur la vigueur d'un bon gouvernement que sur les ressources que fournit un grand territoire (3); & qu'un bon gouvernement doit être

---

(1) Contrat social,
(2) *Idem.*
(3) *Idem,*

jufte & devient toujours plus refpectable, en ref-
pectant & protégeant les droits du genre humain,
& en reftant fidèle à fa parole.

Vous faviez que Rome, enrichie des dépouilles
de l'univers affervi, tomba fous la maffe énorme
de fes poffeffions ; que plus elle avoit fubjugué de
peuples, plus elle eût après d'ennemis à combattre,
impatiens de fe fouftraire à fon joug ; que fa puiffance moins grande eût duré plus long-temps, &
que le temps n'a difféminé, fur fa route, ces ruines
fuperbes de l'ancienne fplendeur de ce peuple fameux,
que pour attefter les écueils de l'efprit des conquêtes & d'une domination trop vafte ; & que la
terre indignée ramaffe lentement des forces pour
fecouer un pouvoir oppreffeur, comme au retour
de la faifon nouvelle elle brife le joug de l'hyver.

Vous faviez que ce fiècle, jufte appréciateur des
triomphes des Romains comme l'avenir le fera
des vôtres, s'efforce d'oublier les malheurs des
hommes accablés fous le nom de héroïfme, & de
valeur, & de puiffance, pour ne fe fouvenir que
des actions de juftice, de générofité & de véri-
table gloire qui fe trouvent éparfes dans l'hiftoire
de ces vainqueurs du monde ; & vous vouliez, en

proclamant les droits du genre humain & la fraternité des hommes, mériter leur reconnoissance,
rendre un hommage solemnel à la nature, & au
lieu de faire des sujets mécontens, vous entourer
de voisins amis.

Vainement vous dira-t-on aujourd'hui, que la
nature a marqué les bords du Rhin pour être les
limites de la France ; mais vous l'auriez su, lorsque
vous renonciez aux conquêtes, & cependant vous
y renonciez ? Ce ne peut donc être que le langage
de la flatterie; encore est-elle mal entendue, car
on vous doit la vérité.

Quoi ! la nature, changeant dans ses révolutions
majestueuses les cours des fleuves & des mers,
élevant des montagnes, comblant des abymes,
auroit voulu fixer des limites de protection pour
telle ou telle nation qui n'existoit peut-être pas
encore, ou du moins pas dans sa constitution pré-
sente, aux dépens de tel ou tel autre peuple qui
devoit être la proie de la nation favorisée. Qu'eussiez-
vous dit, si un roi vous eût tenu ce langage ? Et
comment peut-on supposer que vous vouliez le
faire tenir à la liberté, à la fraternité qui doivent
maintenir & notre existence & la vôtre ? Il est
évident qu'avec un tremblement de terre nouveau,
cette même nature pourroit, en bouleversant les

territoires de fond en comble, reſtreindre derechef ces mêmes limites, & favoriſer ainſi les autres peuples aux dépens de la nation qui les auroit dominés. Et que diroient les flatteurs alors ? Pour être conſéquents, ils devroient alors dire aux autres ce qu'ils vous diſent aujourd'hui ; & ils n'auroient pas dit vrai ni à vous ni à eux.

Non ! telle n'eſt pas la conduite de la nature. Une politique funeſte, digne d'un autre nom, pourroit adopter de telles idées. La ſeule politique digne de vous, vous l'avez dit vous-mêmes, eſt celle qui eſt fondée ſur les baſes éternelles de la juſtice, baſe qu'aucune révolution ne peut ébranler.

Les bienfaits de la création ſont les mêmes pour tous les peuples ; un ſeul ne peut en réclamer excluſivement la jouiſſance, tous y ont les mêmes droits. Non, l'intention de la nature n'eſt pas d'aſſurer, par des fleuves & des montagnes, la liberté des uns, & de leur donner le droit de la ravir aux autres ; elle n'a rien fait pour le conquérant. Celui-ci, quand il auroit envahi l'état de ſon voiſin, auroit d'autres voiſins encore ; les mêmes droits de la force, enhardie par le premier ſuccès, le porteroient encore à envahir les états de ces nouveaux voiſins ; il y auroit encore d'autres montagnes, d'autres fleuves, d'autres limites que la nature sans doute auroit encore placées plus loin pour lui seul ; où s'arrêteroit-il ? —— Ah ! vous avez renoncé à ces principes deftructeurs, indignes de vous & de votre gloire. Ils écraseroient le monde ; les vôtres le raffurent, le confolent.

Non ! la feule ligne de démarcation qu'ait tracé la nature, eft celle du jufte & de l'injufte ; cette ligne une fois franchie par un peuple, peut delà, par la même raifon, être franchie par un autre peuple & ainfi de fuite par d'autres encore. Alors, la guerre, le malheur, la défolation, quelquefois peut-être fous l'apparence perfide d'un faux contentement le défefpoir réel, prendroient la place du bonheur individuel & général qui doit être l'objet de la deftinée des hommes, & le but des gouvernemens, & entraîneroient la deftruction de l'ordre focial & le bouleverfement du monde.

La nature ne veut donc pas que les hommes s'entr'égorgent, ni fe dépouillent les uns les autres de ce qui leur eft échu en partage. Elle ne veut pas, elle ne peut vouloir que la sûreté d'un peuple, que l'on prétendroit être plus certaine pour l'avenir, autorife le dépouillement plus certain encore d'un autre peuple pour le préfent ; elle veut fur-tout que l'on tienne fa parole, comme on veut que les autres nous tiennent la leur ; & parlant à haute & intelligible voix, au fond des ames même de ceux qui vous conseilleroient le contraire (& je ne sais comment ils peuvent ne pas l'entendre) elle dit que lorsqu'on a promis de tout rendre, on ne peut plus dire qu'il est de l'intérêt de tout garder.

Vous avez renoncé à cet intérêt, fut-il évident ; & cet intérêt est loin d'être démontré, on démontre même le contraire.

§. I V.

Vous avez publié ce sublime langage de la nature, vous avez adopté solemnellement ses préceptes ; vous avez publié les droits du genre humain, droits que la force n'est pas autorisée à lui ravir ; vous avez ordonné d'avance à vos victoires même de les res-pecter ; c'étoit vous préparer des lauriers plus beaux, & dépouiller la guerre de ce qu'elle avoit de plus horrible ; & vous avez posé la justice & l'humanité pour bases de votre République en renonçant aux conquêtes.

Avec un empire si vaste, vous pouviez renoncer à des agrandissemens onéreux, inutiles ou dan-gereux ou nuisibles ; & votre renonciation étoit fondée sur la prudence, autant que sur le respect de la nature humaine ; vous en donniez l'exemple ; vous en preniez l'engagement à la face du monde, & il eſt de votre loyauté de le maintenir.

Vous vous défierez des preſtiges de l'adulation ; c'eſt la peſte des cours, elle ne doit pas infecter les républiques. Pour des dangers imaginaires, pour des bornes prétendues plus ſûres, on ne vous perſuadera pas de ternir votre gloire par un manque de foi évident. On paſſe les fleuves, les monts & les mers ; tous les états détruits, tous les peuples qui ne ſont plus, avoient de ces limites là. Votre promeſſe ſolemnelle a fixé les vôtres. Si la liberté avoit pu en impoſer au monde, ſi la liberté triomphante pouvoit trahir ſa parole, quel reproche feroit-elle en droit de faire aux uſurpateurs & aux deſpotes ? On n'aſſure pas ſa gloire, ni ſa ſûreté, ni celle de la poſtérité par un manque de foi ; ce n'eſt pas la paix alors, c'eſt la continuité de la guerre (1) ; mais on ne ſe repent pas d'avoir été juſte & fidèle aux principes. Comme les bonnes actions ſoutiennent les familles, c'eſt la juſtice qui ſoutient les états ; & en reſpectant les droits des autres, on fait reſpecter les ſiens.

Vous ne vous laiſſerez pas éblouir par la pré-

______

(1) Contrat Social.

tendue facilité que les pays conquis vous offriroient de rédimer vos affignats, cet appât eft indigne de vous. Quand vous avez créé ces affignats, vous vouliez les payer avec vos propres fonds, & non avec ceux de peuples malheureux. Vous avez renoncé aux conquêtes, et ceux qui vous confeillent d'en faire, comment veulent-ils, fi vous manquiez à votre parole, faire croire à vos lettres-de-change? Vous avez une hypothèque immenfe pour vos affignats, refpectable pour vous, pour tous les peuples, pour l'âge préfent, pour la poftérité, hypothèque fans laquelle toutes les autres ne font rien : —— c'eft l'honneur, —— oui, l'honneur national ; —— voilà l'élément du Français. Tous ont foufcrit tacitement à l'engagement facré que vous avez contracté à la vue de tous les peuples, lorfque vous renonciez aux conquêtes; & tous s'empreffèront de maintenir cet honneur, & de liquider les dettes de l'état. Mille fources d'abondance vous feront ouvertes, dès que la paix aura écarté les obftacles qui les obftruent.

Après tant d'orages, après tant de malheurs, ne fouffrez pas que l'humanité foit trompée dans fes plus douces efpérances, après que vous l'avez raffurée par la proclamation de vos principes & de vos décrets; que le calme de la paix, que votre loyauté confolent les homm es ! Quel droit plus beau, quel deftin plus heureux, quelle prérogative plus grande peut-il y avoir pour la victoire, pour la liberté, pour la fraternité, pour la France !

Alexandre eft - il grand , pour avoir afservi l'Afie ? non, mais il rend à Porus fon empire, quoiqu'avant de vaincre, il n'eut pas renoncé aux conquêtes ; & l'univers l'admire, & la poftérité lui pardonne fes victoires.

Voilà mes obfervations. J'ai parlé pour les droits de l'humanité. Français, vous plaidiez votre caufe & la fienne, quand vous renonciez aux conquêtes ; vous avez promis de defendre fes droits, de les refpecter, & votre loyauté en eft garant au monde & à la poftérité.

Voilà les vrais titres de votre gloire; c'eft l'ef-pérance des humains, c'eft le cri de la juftice, & c'eft là votre intérêt.

Par un habitant de la rive gauche du Rhin.

De l'Imprimerie de la veuve POTIER de Lille, rüe Favart, n°. 5, vis-à-vis celle Grétry.